LOS MEJORES DEPORTES

DE LA ESCUELA SECUNDARIA

BALONCESTO

Un libro de Las Ramas de Crabtree

ESCRITO POR THOMAS KINGSLEY TROUPE

TRADUCCIÓN DE SANTIAGO OCHOA

CRABTREE
Publishing Company
www.crabtreebooks.com

T0021164

Apoyo escolar para cuidadores y maestros

Este libro de alto interés está diseñado para motivar a los estudiantes dedicados con temas atractivos, mientras desarrollan la fluidez, el vocabulario y el interés por la lectura. A continuación se presentan algunas preguntas y actividades para ayudar al lector a desarrollar sus habilidades de comprensión.

Antes de leer:

- *¿De qué pienso que trata este libro?*
- *¿Qué sé sobre este tema?*
- *¿Qué quiero aprender sobre este tema?*
- *¿Por qué estoy leyendo este libro?*

Durante la lectura:

- *Me pregunto por qué...*
- *Tengo curiosidad de saber...*
- *¿En qué se parece esto a algo que ya conozco?*
- *¿Qué he aprendido hasta ahora?*

Después de leer:

- *¿Qué intentaba enseñarme el autor?*
- *¿Cuáles son algunos detalles?*
- *¿Cómo me ayudaron las fotografías y los pies de foto a entender más?*
- *Vuelve a leer el libro y busca las palabras del vocabulario.*
- *¿Qué preguntas tengo aún?*

Actividades de extensión:

- *¿Cuál fue tu parte favorita del libro? Escribe un párrafo sobre ella.*
- *Haz un dibujo de lo que más te gustó del libro.*

ÍNDICE

¡AL ARO!

Saltas directamente para devolver el balón a tu compañero de equipo. **Regateas** hacia el aro mientras el equipo contrario intenta arrebatarles el balón. Amagas a la izquierda y te mueves a la derecha, engañando a tu defensor. Te pasan el balón. Pivotas, apuntas y anotas una canasta perfecta. ¡Dos puntos!

Ponte las zapatillas y haz un buen estiramiento. Estamos a punto de saber por qué el baloncesto se encuentra entre los... MEJORES DEPORTES DE LA ESCUELA SECUNDARIA.

DATO CURIOSO

El baloncesto es el único deporte estadounidense que no se originó en otro país.

HISTORIA DEL BALONCESTO

James Naismith

James Naismith era un profesor de educación física en Springfield, Massachusetts. En 1891, inventó un juego que se podía practicar durante los largos meses de invierno. Colocó dos canastas de duraznos en los palcos de un **gimnasio**.

DATO CURIOSO

El baloncesto se introdujo como deporte escolar en 1905.

Los jugadores debían lanzar la pelota a la canasta para anotar puntos. ¡De ahí nació el juego del baloncesto!

Después de hacer una «canasta», alguien tenía que llevar una escalera para recuperar el balón, de modo que todos pudieran seguir jugando. Años más tarde, se colocó una red abierta en el aro para facilitar la recuperación del balón.

TEMPORADA DE BALONCESTO

En la mayoría de las escuelas secundarias, la temporada de baloncesto comienza a finales del otoño y se juega hasta principios del invierno. Como el baloncesto se juega bajo techo, puede practicarse con cualquier tipo de clima. ¿Llueve o nieva? ¡De todos modos se juega!

Al igual que muchos deportes que se juegan en las escuelas secundarias, el baloncesto lo practican tanto los chicos como las chicas.

El primer partido de baloncesto femenino en una escuela se jugó en 1896. En él se enfrentaron las escuelas secundarias Austin, de Chicago, y Oak Park.

El primer partido de baloncesto masculino de escuela secundaria se jugó en 1893, 14 meses después de que James Naismith inventara el juego. El partido se disputó entre la Academia Morgan Park y la West Side YMCA de Chicago.

EQUIPOS DE BALONCESTO DE ESCUELAS SECUNDARIAS

La mayoría de las escuelas secundarias tiene cuatro equipos de baloncesto. Tienen un equipo universitario para los chicos y un equipo universitario para las chicas. Los equipos universitarios suelen estar conformados por los deportistas más fuertes de la escuela.

Para dar una oportunidad a los jugadores que no alcanzan el nivel del equipo universitario, se forman equipos universitarios *junior*.

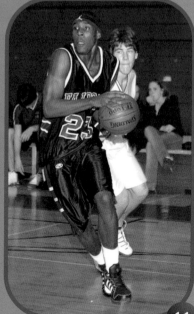

DATO CURIOSO

Las escuelas más pequeñas que no tienen suficientes jugadores pueden optar por un equipo mixto, en el que chicos y chicas juegan en el mismo equipo.

REGLAS DEL JUEGO

En el baloncesto, cinco jugadores de cada equipo anotan puntos encestando. Cada canasta vale dos puntos. Los tiros libres valen un punto. Los jugadores mueven el balón por la cancha rebotando o regateando el balón.

Los partidos de baloncesto de la escuela secundaria se juegan en cuatro **periodos** de 8 minutos. El equipo con más puntos al final del cuarto periodo gana.

EQUIPAMIENTO Y UNIFORME

Los partidos de baloncesto de la escuela secundaria se juegan bajo techo en una cancha con aros y tableros de apoyo en cada extremo. ¡La pieza más importante del equipo es el propio balón de baloncesto!

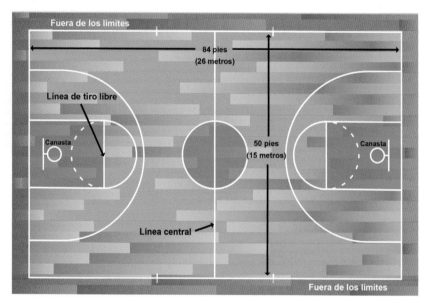

DATO CURIOSO

Los equipos de baloncesto femeniles de las escuelas secundarias utilizan un balón ligeramente más pequeño. Mide entre 28.5 y 29 pulgadas (72.3 y 73.6 cm) de circunferencia y pesa entre 18 y 20 onzas (0.51 y 0.56 kg). Los equipos varoniles utilizan balones de 29 a 30 pulgadas (73.6 a 76.2 cm), que pesan de 20 a 22 onzas (0.56 a 0.62 kg).

Los jugadores de baloncesto llevan pantalones cortos y una camiseta con el nombre del equipo, el **logotipo**, el apellido y número del jugador. Se utilizan zapatillas de baloncesto lisas y con buen agarre para correr por toda la cancha.

A veces los árbitros tienen que señalar el número de un jugador a la banda si hay una falta o una violación. Como no pueden mostrar ningún número superior al 5 con una mano, los números 6, 7, 8 y 9 no suelen utilizarse en el baloncesto.

POSICIONES EN EL BALONCESTO

Cuando el equipo tiene el balón, está a la **ofensiva**. Los jugadores ofensivos trabajan juntos para regatear el balón y acercarlo a la canasta. Pasan el balón a un jugador abierto que pueda lanzar y anotar.

Base: A menudo es el más bajo del equipo, pero el que mejor maneja la pelota. Suele ser el líder del equipo cuando está en la cancha.

Escolta: El mejor tirador a distancia del equipo. Tiene que ser bueno para regatear y pasar el balón.

Alero: El segundo o tercer mejor tirador del equipo. Tiene que ser rápido y capaz de lanzar de cerca y desde afuera.

ALERO

BASE

F ALA PÍVOT

F ALERO

G ESCOLTA

C PÍVOT

G BASE

Cuando el equipo pierde el control del balón, entra en **defensa**. Los jugadores defensivos trabajan juntos para evitar que los atacantes anoten canastas.

Ala pívot: Estos jugadores suelen ser los segundos más altos. Deben ser capaces de anotar desde cerca o desde media distancia.

Pívot: Casi siempre es el jugador más alto del equipo. Suelen colocarse debajo de la canasta para bloquear el balón o rebotarlo.

Banca: Los jugadores que no están en la cancha. Suelen ser llamados para que otros jugadores descansen. Los jugadores que son reemplazados pasan a formar parte de la banca.

BANCA

ALA-PÍVOT

TIPO DE DEFENSA: HOMBRE A HOMBRE

Hay dos tipos de defensa utilizados en el baloncesto de la escuela secundaria. La primera es la defensa hombre a hombre. En la defensa hombre a hombre, un jugador defensivo es asignado a un jugador ofensivo. Permanecerá cerca del rival para intentar bloquear o robar el balón.

Este estilo defensivo se considera el mejor para ayudar a los atletas de la escuela secundaria a desarrollar sus habilidades de baloncesto.

DATO CURIOSO

Casi todos los equipos profesionales de baloncesto profesional utilizan la defensa hombre a hombre.

TIPO DE DEFENSA: ZONA

En la defensa de zona, los jugadores tienen asignados lugares en la cancha para actuar como un escudo frente a los jugadores ofensivos que se acercan. Protegen su espacio para mantener el balón lejos de su canasta.

Una defensa de zona 2-3 coloca dos jugadores en la parte delantera y tres en la trasera. Esto protege el área restringida, el área debajo y delante de la canasta, donde se realiza la mayoría de los tiros.

DATO CURIOSO

El baloncesto se incluyó en los Juegos Olímpicos por primera vez en Berlín, Alemania, en 1936.

FALTAS Y TIROS LIBRES

El baloncesto tiene muchas reglas. El doble regateo o el estar fuera de los límites son **infracciones** comunes. Estas hacen que el balón pase al otro equipo.

Las faltas físicas sobre un jugador que está lanzando suelen dar lugar a un tiro libre. El tiro libre se concede desde la línea de tiro libre dentro de la parte superior del área restringida. El jugador puede lanzar sin que un jugador defensivo interfiera.

¡Hay sanciones por juego brusco! El árbitro llevará la cuenta de cuántas faltas se le pitan a un jugador. Si un jugador comete cinco faltas durante un partido de baloncesto de escuela secundaria, se le considera «expulsado». ¡Tendrá que pasar el resto del partido en el banquillo!

TORNEOS Y ELIMINATORIAS

Los equipos de baloncesto de las escuelas secundarias compiten con otras escuelas para saber quién es el mejor. Muchas escuelas participan en eliminatorias y **torneos** de campeonato.

ELIMINATORIAS

EQUIPO 1
EQUIPO 2
EQUIPO 3
EQUIPO 4
EQUIPO 5
EQUIPO 6
EQUIPO 7
EQUIPO 8

EQUIPO 1
EQUIPO 4
EQUIPO 5
EQUIPO 7

EQUIPO 4
EQUIPO 7

EQUIPO 4

CAMPEÓN

Los equipos se dividen en categorías, en función del número total de alumnos de la escuela. Esto significa que las escuelas más pequeñas se enfrentan a otras más pequeñas. ¡Esto permite que las escuelas secundarias de todos los tamaños puedan competir de forma equitativa!

CONCLUSIÓN

El baloncesto es uno de los deportes más emocionantes que practican los estudiantes de secundaria hoy en día. Este deporte requiere velocidad, **precisión** y trabajo en equipo para hacer canastas ganadoras. Hay una razón por la que las gradas están repletas de aficionados que animan a sus equipos.

¿Te atarás las zapatillas y tratarás de entrar al equipo de tu escuela? Tal vez puedas convertirte en la próxima gran estrella. Con práctica y paciencia, verás por qué el baloncesto está considerado como uno de los ¡MEJORES DEPORTES DE LA ESCUELA SECUNDARIA!

GLOSARIO

defensa: Defender una canasta contra el equipo contrario.

falta: Interferencia en el juego de un adversario.

gimnasio: Sala equipada para juegos o ejercicios físicos.

infracciones: Incumplimiento de las normas.

logotipo: Símbolo o diseño para identificar a un equipo.

ofensiva: El equipo que posee el balón en un intento de anotar.

periodos: Duración de un juego deportivo.

precisión: Que es exacto.

regateas: Rebotar continuamente una pelota de baloncesto.

torneos: Series de competencias o partidos jugados entre equipos competidores.

ÍNDICE ANALÍTICO

SITIOS WEB PARA VISITAR

https://www.ducksters.com/sports/basketball.php

https://www.sikids.com/basketball

https://kids.kiddle.co/Basketball

SOBRE EL AUTOR

Thomas Kingsley Troupe

Thomas Kingsley Troupe es el autor de muchísimos libros para niños. Ha escrito sobre todo tipo de temas, desde fantasmas hasta de Pie Grande, y de hombres lobo de tercer grado. Escribió incluso un libro sobre la suciedad. Cuando no está escribiendo o leyendo, hace mucho ejercicio y se acuerda de cómo derribaba mariscales de campo contrarios cuando estaba en el equipo de fútbol de la escuela secundaria. Thomas vive en Woodbury, Minnesota, con sus dos hijos.

CRABTREE Publishing Company

Written by: Thomas Kingsley Troupe
Designed by: Jennifer Dydyk
Edited by: Kelli Hicks
Proofreader: Ellen Rodger
Translation to Spanish: Santiago Ochoa
Spanish-language layout and proofread: Base Tres

Photographs: Cover background pattern (and pattern throughout book © HNK, basketball on cover and title page © EFKS, cover photos of players © Monkey Business Images. Page 4 © dotshock, Page 5 bottom photo © taka1022, Page 7 © AlexanderZam, Page 9 background photo © hxdbzxy, Page 10 © Debby Wong, Page 11 bottom photo © Larry St. Pierre, Page 12 © taka1022, Page 13 top photo © Monkey Business Images, bottom photo © JoeSAPhotos, Page 14 diagram © Kashtanowww, Page 17 photos © Larry St. Pierre, illustrations © Alesandro14, Page 19 top photo © Monkey Business Images, bottom photo © Larry St. Pierre, Page 20 © Lorraine Swanson, Page 21 © taka1022, Page 27 © Ramosh Artworks, All images from Shutterstock.com except: Page 5 bottom photo, Page 8, Page 11 top photo © Monkey Business Images | Dreamstime.com, Page 14 photo © Sports Images | Dreamstime.com, Pages 15, 22, 23, 24, 25, 26, 28, 29 © Louis Horch | Dreamstime.com. Page 6 photos and Page 9 top photo courtesy of the Library of Congress

Library and Archives Canada Cataloguing in Publication

CIP available at Library and Archives Canada

Library of Congress Cataloging-in-Publication Data

CIP available at Library of Congress

Crabtree Publishing Company

www.crabtreebooks.com   1-800-387-7650

Printed in the USA/062022/CG20220124

Published in the United States
Crabtree Publishing
347 Fifth Avenue, Suite 1402-145
New York, NY, 10016

Published in Canada
Crabtree Publishing
616 Welland Ave.
St. Catharines, Ontario L2M 5V6